AF211261

Elegie einer Drehung

Ein Gedichtband

Helmuth Meier-Lautenschläger

Meier-Lautenschläger, Helmuth: Elegie einer Drehung
Herstellung und Verlag: Books on Demand GmbH, Norderstedt, 2009
ISBN-13: 9783837089714
Umschlagfoto: G.Heiden

Helmuth Meier-Lautenschläger, geboren in München, aufgewachsen und beheimatet in der DDR bis 1990. Schauspieler, Regisseur und Theaterwissenschaftler. Literaturauszeichnung des Landes Brandenburg für „Elegie einer Drehung". Dieses Gedicht für einen Sprecher, einen Chor und ein Orchester hatte seine Uraufführung im Theater Brandenburg 1994 (Musik von Thomas Hennig).

Elegie einer Drehung

1. Kapitel

langsam
sich mühsam
vorwärts bewegend
zogen alle
um den noch
neuen Mittelpunkt
er gibt
Schwung
der Drehung.
Immer noch zog
der Zug
der Schreienden
in Richtung
des
jetzt bekannteren
Mittelpunktes
die Bewegung
wurde
flüssiger.
Die Drehung
intensiver
immer noch
schreiend
aber
schon
immer schneller
bewegte sich
der Zug
der Hoffenden.
Doch

je schneller
die Drehung
wurde
um so
größer
die Gefahr
des Sturzes.
Alle
drehten mit
auch
die Verhinderer.
Sie
drehten
am schnellsten
wissend
dass
der Sturz
kommt.
Aber
auch
der Mittelpunkt
wird nach
den Freuden
des Anfangs
zur
Bremse.
Wenn
der Mittelpunkt
bremst
und
andere
immer schneller

drehen
liegen
plötzlich
viele
am Boden.
Aus
der Traum
der Höhe.

2. Kapitel

Ein Schrei
aller
hat
die Bewegung
ausgelöst.
Der Schrei
trug sie
vorwärts
richtete
sie auf
zog sie
weiter
riss sie
immer
von neuem
auch
wenn
die Kräfte
zu sterben
drohten
weiter

weiter
weiter
immer wieder
dieser Schrei
ein Brüllen
das wie
ein Singen
klang
und
doch
lag
Angst
Angst
darin.
Der Schrei
wurde
zum Symbol
der Drehung
doch mit
dem Absturz
wurde
der millionenfache Schrei
dann
ein Gurgeln
dann
ein klägliches Wimmern
aus
den Kehlen
der Gestürzten
jetzt
ist es
nur noch

ein verzweifelter
stummer Schreiiiiiii.

3. Kapitel

Die Verhinderer
stehen
grinsend
zwischen
den Gefallenen
und
schlingen
wie immer
ihre
saugenden Fangarme
um
die Gestürzten
einige wenige
meist jüngere
kriechend
wie Schlangen
entgehen
den Armen
der Verhinderer
und
schlängeln sich
über
die Leiber
der Gequälten
Gestürzten
hinweg
zum Mittelpunkt

der Drehung
aber
auch sie werden
ihn
nicht erreichen
denn
der Mittelpunkt
ist
für Drehende
nicht.
So
versuchen sie
mit
den Verhinderern
den
toten Punkt
in
der Drehung
zu finden
und zertretend
jeden
der versucht
nur wenig
Luft
zum Schrei
zu bekommen
den Kopf
zu heben.
Die Auferstehung
nach
dem Fall
ist

der härteste Sturz
in
die Tiefe.

4. Kapitel

Liebe
das einzige was
den Zustand
erleichtert
die
den Schrei
wieder
zur Lust
werden ließe
wird zertreten
unter
den breiten Füßen
der Dickhäuter
der Drehung.
Liebe
Lust
Schrei
Nähe
sind
die Distanz
zum Pol
zum Mittelpunkt.
Drehung
findet statt
ohne Nähe
ohne Liebe

ohne Schrei.
Und doch
war
der Schrei
das Symbol
der Drehung
aber
nach dem
begeisterten
Anfang
wird
die Drehung
die Kälte
und
der Schrei
ein
ersterbender.

5. Kapitel

Ein Gestürzter
suchend
nach Halt
voller Hoffnung
mit frohem Herz
sich stürzend
in
die Drehung
Schrei
voller Inbrunst
abwerfend
die Fesseln

des Vergangenen
schon damals
suchend
nach Möglichkeiten
der Bewegung
jetzt
zertreten
von Schlangen
und
Verhinderern
geblieben
Angst
Hoffnungslosigkeit
Leere
Angst.
Er
der sich
schon versuchte
zu drehen
als noch
der alte Mittelpunkt
die Bewegung
verneinte
liegt
jetzt dort
wo Drehung
nur noch
die stumme Bewegung
um
sich selbst
als mühsames Kriechen
durch

den Schlamm
des Konsums
bleibt.
Hoffnungslosigkeit
Leere
leere
Hoffnungslosigkeit
einziger Ausdruck
der Freude
des Anfangs.
Die Unbeweglichkeit
des Alters
und
die Liebe
lassen
ihn nicht
zur Schlange
werden
und
ein Verhinderer
war er
nie
was
ihm bleibt
ist
der stumme Schreiiii.

6. Kapitel

Einer
sich suchend
noch jung

und
doch zu alt
um
zu schweigen
zieht
sich schlängelnd
durch
die Leiber
der Gestürzten
auf der Flucht
vor
den Armen
der Verhinderer
die sich
festsaugen
an
den Verzweifelten
er
versucht
zu entgehen
der Nichtigkeit
des Sturzes
und
der Verlogenheit
der Verhinderer.
Suchend
mit Brutalität
den eigenen Standpunkt
in
der Nähe
des Mittelpunkts
weit weg

von
den Gestürzten
nicht schreiend
sondern
still suchend
weitab von
den Verhinderen.
Und
wird durch
die Brutalität
der Suche
selbst
das
was er
am meisten
ablehnt:
zertretend
die Versuche
der Gestürzten
den Kopf
zum Schrei
zu erheben.
Um
seinen Punkt
zu festigen
wird er
aus Angst
wieder
ein Gestürzter
zu werden
ein Verhinderer
die Zukunft

der Drehenden
verbauend
um
zu leben.

7. Kapitel

Träume
der Drehenden
sind
die Triebkraft
der Bewegung.
Der Wust
der Empfindungen
lässt
die Kraft
stärker werden
um sie
im dritten Auge
als Richtungsweiser
erscheinen
zu lassen.
Sie
die
dich
lachend
und
weinend
zugleich machen
lösen
die Grenzen
die

dich
gefangen halten
in
der Enge
der Vergangenheit
und
öffnen dich
für den Weg
in
die Drehung.
Liebe
Hass
bunte und
graue Bilder
Schreie
und
Zärtlichkeit
Mutter
Vater
Kinder
Alte
Menschen
Tiere
Gräser
Blumen
und
Müllhalden
alles
geformt
zu Bildern
die
die Kraft

größer werden lassen
machend
dass
Gestürzte
wieder
Drehende
sind.
Deshalb
versuchen
die saugenden Fangarme
der Verhinderer
den Köpfen
die Träume
zu entreißen
denn
Träume
sind
die Verhinderer
der Verhinderer.
Die Träume
fest umschlossen
von
den Leibern
der Gestürzten
sind
die einzige Möglichkeit
der Drehung
und damit
dem Leben
das Atmen
zu ermöglichen.

8. Kapitel

Alle
streben
ihn
zu erreichen
doch
ist er
der Mittelpunkt
nicht
für Drehende
wie
für Verhinderer.
Er
der Stillstand
in
der Bewegungslosigkeit
bedeutet
das Ziel
aller.
Er ist
die Vernichtung
der Drehung
die absolute Gleichgültigkeit
der Natur.
Sein
unergründlicher Schlund
versucht
alles was
die Drehung
ausmacht
zu verschlingen
um
in

die Gleichgültigkeit
wieder
zu verfallen.
Der Qual
der Drehung
zu entgehen
ist
das höchste Ziel
der Drehenden
die Erreichung
des Mittelpunkts
und damit
die Vernichtung
der eigenen Existenz.
Das ist
die Absurdität
der Bewegung.

9. Kapitel

Lärmend
lachend
sich fangend
die anderen
umkreisend
unbelastet
spielend
bewegen sich
die Kinder
zwischen
den Drehenden
den Gestürzten

und
den Verhinderern.
Unabhängig
von allen
zu keinem gehörend
ziehen sie
ihre Bahnen.
Ihr
fröhliches
unbekümmertes
weder
von
der Gefahr
des Sturzes
noch
von
den Verhinderern
beeinflusstes Lachen
umspült
die Gestürzten
und
richtet sie
auf
so dass
aus ihnen
wieder
Drehende
werden.
Kinder
die Hoffnung
aller
mit ihrer Fröhlichkeit

bringen

Farbe

in

den elegischen Ausdruck

der Drehung.

Ihr

Tanz

durch

die Drehung

ohne auf

die Richtung

zu achten

verwirrt

und begeistert

zugleich

mit der Leichtigkeit

der Unbelasteten

suchen sie

ihren Weg

durch

die Ordnung

und

das Chaos

und

wie ein Wirbelwind

schmeißen sie

alles

durcheinander.

10. Kapitel

Immer
wenn
die Mühsal
der Drehung
die Bewegung
zu erschlagen
droht
zieht
eine Melodie
durch
die Köpfe
der Drehenden
der Gestürzten
und
der Verhinderer
jeder
erlebend
was er
sich ersehnt.
Mitgerissen
vom Rhythmus
seiner Musik
zieht er
weiter
die vorgeschriebene Bahn
und
erlebt
den Takt
seiner Möglichkeiten
als
Schwung.
Gleichmäßig

der Rhythmus
der Drehenden
der Marschmusik
des Viechs
gleichend
in seiner
fröhlichen Stumpfsinnigkeit
bringt
die Drehung
von neuem
in Gang
und
hält
die Herzen
der Zweifelnden
ab
Gestürzte
zu werden.
Ganz anders
der Takt
der Gestürzten
tragend
dem schmerzenden Blues
ähnelnd
noch
voll Kraft
doch
ohne Hoffnung
ist
der Tanz
dieser
eher

ein Winden
mit einzelnen
mutigen Momenten
den Rhythmus
einen Marsch
werden
zu lassen
vielleicht
sich wieder
erhebend
um
wieder
tiefer
ein schmerzvoller Blues
zu werden.
Chaotisch
dagegen
die Musik
der Verhinderer
den Rhythmus
dauernd verändernd
ihr Tanz
ist
die Bewegungslosigkeit
in
der Drehung
um sich selbst.
Der Druck
der Drehung
ist
der Komponist
des Rhythmus

der Bewegung.
Die Musik
der Einzelnen
wird zum
Crescendo
aller.

11. Kapitel

Die Drehung
ist
Bewegung
die
Leben bedeutet
wenn aber
ein Verhinderer
die Bewegung
benutzt
um selber
zum Mittelpunkt
zu werden
kann
die Drehung
zur
Vernichtung
werden
aller
denn
auch
Gestürzte
werden dann
zu Drehenden

um
dem scheinbaren Mittelpunkt
zu dienen
und
betreiben
mit
der Vernichtung
der anderen
Drehenden
nur
die eigene Zerstörung
aber
durch
die Aufrichtung
von Gestürzten
und deren
Halt
unter
den Drehenden
erreicht
die Drehung
um
den falschen Mittelpunkt
eine wahnsinnige Macht
und
Schwung.
Die Gefahr
ist
die Zerstörung
der Drehung
an sich.

Impression I

Ich gehe langsam
Menschengewühl
Hast
Ich gehe langsam
hübsche Beine
ein Spazierstock
Ich gehe langsam
doch da
zwei Augen
tief
braun
traurig
schöne Augen
vorbei.

Lied der Geschwätzigkeit

Reden
reden
reden
sich ergötzen
an Gedankenmodellen
an Formulierungsbrillanz
vergessend
die Gewalt
die
verschreckt
beängstigt
immer wieder
sich sonnend
in
der einzigen Fähigkeit
schneller
besser
sich auszudrücken
nicht sehend
die Leiden
die Schmerzen
die Verletzungen
der Anderen
immer wieder
nur
die eigene Genialität
betrachtend
nicht erkennend
die größer werdende Distanz
um diese
beleidigter
festzustellen.
Gefühle
der Anderen

versinken

in

der Gleichgültigkeit

der eigenen Sonne

und

das Nichtverstehen

der berechtigten Reaktionen

mündet

in

die Abwertung

der Anderen.

Selbstgewählte Einsamkeit

als

Ergebnis

des mutwilligen Nichterkennens

der strahlenden Genialität.

Reden

reden

reden

das einzige Mittel

um

Streicheleinheiten

zu bitten

ist

das beste Mittel

sie

nicht

zu bekommen.

Also wieder

reden

reden

reden

reden

reden.

Warten auf ...: I

Ich
sitze
bis zum Hals
vergraben
nichts
bewegend
und warte.
Gerüche
wie
Rosenduft
gemischt
mit Jauche
dazwischen
der süßliche Duft
der Verwesung
quälen
meine Nase.
Bilder
von
Müllhalden
auf der
eine Mutter
mit
einem völlig verdreckten Baby
im Arm
steht
ziehen
an mir
vorbei
meine Ohren
vernehmen
den Krach

einer Großstadt
gespielt
von
einer Big Band
und
das alles
während
ich
mich nicht
bewegen kann
sondern
warte
auf
.....

Alleinsein I

Ich
sitzend
in
einem dunklen Raum
die Wände
kommen
näher
Enge
wird bedrückend
verzweifelt
Licht
machend
versuche
ich
der Atemnot
zu entfliehen.
Allein
Enge
Allein
Atemnot
Herzschlag
wie
ein Hammer
immer
dieses
schwere
Bum
Bum
der einzige Laut
der
die engen Wände
ausfüllt.

Trotz
Licht
Finsternis
in mir
Angst
sich
steigernd
Nervosität
dann
endlich
die Befreiung
dein Schlüssel
dreht
im Schloss.

Impressionen III

Ich suche meinen Platz
dort ein Pärchen
Ich suche meinen Platz
zwei Alte halten sich
verträumt an den Händen
Ich suche meinen Platz
doch
da
fasst mich jemand
ich
dreh' mich um
sehe
große braune Augen
verlegenes Lächeln
Verzeihung
schade.

Die Rose und die Nachtigall

(nach Oscar Wilde)

Eine Nachtigall steigt in den Himmel bei Nacht
sie singt dabei ihr schönstes Lied
für eine weiße Rose schön,
die in der Hecke blüht.
Mit dem Lied hat sie ihr ihre Liebe dargebracht.

Doch die Rose in ihrer schönsten Blüte
verzehrt sich voller heißer Liebe
nach einem jungen Mann
der lesend in den Garten kam
er lächelt die Rose voll Güte an .

Er sagte, ach wärst du doch nur rot
dann könnte ich dich verschenken
meiner Sehnsucht voller Glut
sie würde mit heißer Liebe an mich denken
und ich wäre glücklich bis in den Tod.

Die Rose wünschte rot zu sein
ihr Herz wurde unendlich schwer
sie weinte Tautropfen in
den Morgen hinein
sie fühlte sich hässlich und allein.

Die Nachtigall sah der Rose Tränen
in die Dornen der Liebsten stürzte sie sich
mit ihrem Blut schrieb sie auf jedes Blatt
ein blutrotes Liebesgedicht
sterbend vereint in Liebe sich sehnen.

Die Rosenblüte ging auf in der Morgensonne
es erschreckte sie des Vogels Tot
aber ihr Herz lächelte
über ihr schönes Rot
sie dachte an den Studenten mit Wonne.

Er kam in den Garten voll Melancholie
sah die Rose so wunderschön Rot
er brach sie für die Geliebte
und das war der Rose Tod
er hatte das ersehnte Geschenk für sie.

Er bracht' ihr sein Herz und die Rose rot
sie lacht aus den armen Tropf
kalt nahm sie die blutrote Rose
warf sie weg und ließ ihn stehen
da vereinte er sich mit der Rose im Tod.

Angst III

Ein
runder Raum
umgibt mich
ich
Gebunden
in
der Mitte
bewegungslos
schmerzhaft schnüren
die Fesseln
Taubheit
in
den Gliedern.
Die Wände
bestehend
aus Türen
reizen
die Neugier.
Aus
jeder Tür
kommen
nach
und
nach
freundlich
lachende
Gestalten
auf
mich zu.
Lachend
ziehen
sie

Messer
und
schneiden
sich
genüsslich
Teile
aus
meinem Körper.
Meine Schmerzensschreie
wirken
erregend
und so
erreicht
ihre
Heiterkeit
eine Höhepunkt.
Fröhlich
lachend
schwatzend
verschwinden
sie
hinter
den Türen
und
zurück
bleibe
ICH
ein gefesseltes
blutiges
Bündel
nichts.

Warten auf....! II

Bis zum Hals
Jauche
Geruch unerträglich
Gesicht verzerrt
bewegungslos
starr schauend
grau um mich
Nebel ziehend
Gedanken streifen mich
wie
die Schwingen des Todesvogels
blutiger Klumpen Mensch
röchelnd
zermatscht von Stahlkäfigen
den Eigenen
nicht mehr beherrschend
das eigene Chaos
Arme
Beine
Körper
Hunde
auch Kinder
Köpfe
wirbeln durcheinander
klatschen
auf den Beton
nicht nachgebend
den Matsch sammelnd
bald mehr
blutige Klumpen Mensch
als Leben
kein Lachen

keine Liebe
nur Verbissenheit
Jauche
wird zur warmen Hülle
angenehm
während ich warte
auf
......!

Alleinsein II

Endlich
die Stille
blüht auf
wie
eine Blume
im Morgentau.
Zurückweichende Wände
machen
freier
den Blick
lassen
Raum
zum Atmen.
Keine Zwänge
keine Rücksichten
beengen
den Gedanken
die Seele
lässt
einen Freudenschrei
los
meine Gefühle
wagen
ein Tänzchen.
Nach
ausgiebigen Genuss
dieses Alleinseins
unbeschreibliche Freude
über
die Drehung
deines Schlüssels
im Schloss.

Das große Denken

Da sitzen zwei
und tun so
als wollten sie jetzt denken
doch haben beide
nichts zu sagen
also könnten sie sich's schenken.
Trotzdem führt
der Eine jetzt
das volle Wort von beiden
jeder Andere
denkt nur
ach würde er doch schweigen.
Doch wie zum Hohne
lassen sie jetzt beide
sich aus in aller Breite
und jeder
der ihnen zuhört
sucht verzweifelt nur das Weite.
Doch ist es falsch
zu glauben
das Vernunft bei jeden mal verweilt
bei vielen ist sie
eh' sie sich's versehen
auch schon enteilt.
So können diese Beiden
vor Vielen sich ergehen
keiner hindert sie daran
ja keiner zwingt sie wegzugehen
Es verbreiten solch Leute
immer wieder Qualen
und wenn
man sie zu Führern macht
dann nennt man dieses
Wahlen.

Angst II

Menschen
graue
und
schwarze Gesichter
um mich
herum
alle
sehen mich an
schweigen
herausfordernd.
Sie wirken
wie
eine dunkle nicht endenwollende Wand
die
sich
bedrohlich
nähert
versucht mich
zu erdrücken
um
mich
zu vernichten.
Alle
erwarten
etwas
von mir
und
da ich's
ihnen nicht
geben kann
versuchen
sie

mich
zu ersticken.
Keine Luft
presst
mehr
meine Lungenflügel
auseinander.
Hilflos
bin
ich
diesem Druck
ausgeliefert.
Mein Schreien
Wimmern
mein Flehen
prallt
von
dieser übermächtigen Wand
ab.
Kein Loch
keine Zuflucht
ist da
um
mich
vor
der Gewalt
zu verstecken.
Meine letzte Hoffnung
eine Fee
die
diese Wand
durch

ihre Kraft
auflöst
plötzlich
stehen mir
genauso
ängstliche Menschen
gegenüber
meine Angst
verwandelt sich
in
ein lautes befreiendes Lachen.

Elegie der Sehnsucht

Tränen
traurige
leere Nächte
Bilder
vor
den Augen
Schlaf
ist selten.
Immer wieder
deine warmen Hände
die brennenden Augen
deine zarten Brüste
der heiße Schoß.
Alles
so nah
und doch
so fern.
Qualen
brennen
Allein sein
schmerzt
Sehnsucht
nach
Nähe
nach
Zärtlichkeit
nach
Wärme.
Meine Hände
suchen
verzweifelt
dich

und
finden
nur
Leere.
Irgendwann
wird
die Nähe
real
ich spüre
dann
deine Haut
deinen Duft
deine Zärtlichkeit
doch
bis das
passiert
bleibt
zwischen uns
nur
die Sehnsucht.

Impressionen II

Aus dem Zimmer
ein Lachen
aus dem Zimmer
aufgeregtes Flüstern
aus dem Zimmer
wohliges Stöhnen
doch
da
ein Weinen
verzweifelt
hilfesuchend
als
ich
anklopfe
Stille.

Ode an das Theater

1. Kapitel

Dunkelheit
Erwartungen
geschwätzige Geschäftigkeit
Spannung
fasst nach jedem.
Plötzlich
Helle
Harmonie?
N E I N
schwarzes Loch
trotz
des Lichts
Wut
im Gesicht
eines Darstellers
hassend
die
die mit großen Augen
voller Erwartung
sitzen
beschimpfend
die
die
hoffen
das
sie
spüren
den Hauch
der Größe
der sie

sonst
zwischen
der Gleichgültigkeit
und
der Tristesse
des Alltags
nie
erreicht.
Doch
bald
Enttäuschung
über
die Sinnlosigkeit
der Hoffnung.
Zerstört
zwischen
Matsch
und
dem Hass
der Darsteller
über
die Dummheit
ihres körperlichen Vorhandenseins.
Mit
der Begeisterung
über
die neuen Kleider
des Kaisers
verlassen einige
den Tempel
der Hoffnung
gering

die achtend
die
hilflos
dieser Verachtung
ihres Seins
entfliehen.

2. Kapitel

Wieder
diese feierliche Erwartung
im Tempel
der Hoffnung.
Und
plötzlich
Helle
Harmonie
Freude
unendlich heile Welten
triefende Liebe
Musik
Gesang
Tanz
Böse sind böse
Gute sind gut
Farben über Farben
keine Sorgen
verschwommene Probleme.
Das Gefühl
plätschert
so dahin
und ist

noch
vor dem Ende
vergessen.
In
den Köpfen
ein Musikantenstadldallas
in
der Unzulänglichkeit
des Theaters.
Enttäuschung
bleibt
auch hier
und
die Bewunderer
der Kaiserkleider
suchen
den Ort
zum Kotzen.
Alle
fühlen sich
betrogen.
Die Distanz
zum Tempel
der Hoffnung
wird
unendlich
denn
Lügen
und
Hass
sind keine Basis
der Hoffnung.

3. Kapitel

Solange
der Feind
dort unten
sitzt
der
die Hoffnung
von euch will
und
verlangt
werdet ihr
nicht wissen
warum
die da unten
euch
gar nicht
oder nur
verängstigt
vertrauen.
Ihr
die ihr
glaubt
die Wissenden
zu sein
die ihr
glaubt
die Hoffenden
zu sein
die ihr
glaubt
die Fühlenden
zu sein
wie

könnt
ihr glauben
dass
Hoffnung
Gefühl
und
Wissen
nur euer Gut
ist
und
sein darf.
Ihr
müsst
nicht
rütteln
schlagen
treten
sondern
mit Liebe
fassen
die Hände
der Unsicheren
und ihnen
Sicherheit
geben
streicheln
die Köpfe
der Unwissenden
und ihnen
helfen
zu erkennen
berühren die Herzen

der Gefühllosen
und auch
der Verängstigten
um sie
zu befreien
von
den Panzern
der Kälte
und
der Angst.
Aber
erst
seid ihr
die
die sich
befreien müssen
von
ihren eigenen Panzern
denn
seid
ihr
weit offen
könnt ihr
die anderen
befreien
und
öffnen.

4. Kapitel

Solange
die Angst
das einzige ist
was
euch
beherrscht
könnt ihr
nicht
die sein
die
den Tempel
der Hoffnung
bewachen.
Ihr
die
ihr
von
den Ängsten
der Unsicheren
und
den Zweifeln
der Unbegabten
beherrscht
werdet
könnt nicht
die Handlanger
der Hoffnung
und auch nicht
die Priester
ihres Tempels
sein.
Die Hoffnung

ist
das größte Gut
in der Zeit
der Nichtigkeit
der Verzweiflung
in der Tristesse
der Leistung
als Ziel
des Lebens.
Nur ihr
die Priester
der Hoffnung
könnt
den Tanz
um
das goldene Kalb
beenden.
Ihr
die Ihr
wie
Moses
vom Berg
herabsteigt
könnt
diesem Tanz
der Gefühllosigkeit
einen neuen Sinn
geben.

5. Kapitel

Nutzt
eure Gabe
die
ihr
wie
die Gebote
geschenkt
bekommen
habt
um
Träume
zu
Wahrheiten
werden
zu lassen
endlich
dafür
den Unsicheren
Gefühllosen
Ängstlichen
Verzweifelten
Wege
zu zeigen
die ihr
als
die Wichtigen
für das Leben
erkannt habt.
Hört auf
nach
Scheingröße
nach

elitärer Nichtigkeit
zu schielen
sucht
den direkten Weg
zu
den Seelen
derer
die
unten sitzen.
Orientierung
sind
die Empfindungen
in euch
und
nicht
die verbalen Nichtigkeiten
der Anbeter
der neuen Kleider
des Kaisers
werdet
das
was
ihr
die ihr
die Begabung
habt
wirklich könnt
die Priester
des Tempels
der Hoffnung.

Abschied

Deine Augen
voller Tränen
mühsam
verbergend
das
der Schmerz
dich
zerreißen will.
Wie
im Wahn
suchen
deine Hände
immer wieder
die liebende Nähe
ohne
sie
finden
zu können.
Schrei
der Verhinderung
des Abschieds
bleibt
in
der Kehle
als
einsamer Kloß
stecken.
Die bange Frage
ist das
das Letzte
der Verständigung
oder

bleibt
die Nähe
auch
über
die Weite.
Frage
der Angst
der Hoffnung
der Verzweiflung
kann ich
noch leben
oder
nur existieren
ohne
dich.
Umarmung
Händedruck
Umarmung
Händedruck
Sieg
der Vernunft
der Realität
ein Losreißen
ein Glück
dass
das Wort
Liebe
nicht fiel.
Selbstlüge
den Schmerz
zu betäuben.

Angst I

Ein schwarzer Vogel
zieht
in meine Seele
verdunkelt
die Augen
verdeckt
die Sonne
die
mein Herz
vor
dem Zurückweichen
bewahrt.
Ein einziger Schrei
der Ausdruck
der Wellen
die
mich
überrollen.
Schwarze
Enge
tiefe Schluchten
umgeben mich
der riesige Vogel
versucht mich
hinab
zu stoßen.
Noch
halte ich mich
an
den Rändern
doch
ich spüre

schon
das Nachlassen
meiner Kräfte
mein Sturz
wird
immer wahrscheinlicher.
Der Schrei
verhallt
ungehört
in
der Unendlichkeit
der Klüfte.
So
bleibt
der Kampf
mit
dem riesigen schwarzen Vogel
die
letzte
Schlacht
ums
Überleben.
Die Angst
ist
die Angst
vor
der Angst
die
lähmend
den Kampf
ums
Überleben

beeinflusst.

Resignation

der beste Freund

des großen schwarzen Vogels

mein gellender Schrei

kann

sie

nicht verjagen.

Die letzte Hoffnung

der Bogenschütze

der Sonne

dessen Pfeil

den großen schwarzen Vogel

verwandelt

in

einen Wind

der

über mich

hinweg fegt

so

dass

die Wärme

der Sonne

mir

die Kraft

gibt

den schwarzen Schluchten

zu entfliehen.

Weihnachtstraum

Aus allen Fenstern strahlen Weihnachtsbäume
unter meinen Füßen knirscht der Schnee
auf du kalter Nordwind weh
das Weihnachtslicht in meine Träume.

In den Häusern stinkt`s nach Pefferkuchen
irgendwo plärrt ein Weihnachtslied
die Sehnsucht zieht durch mein Gemüt
im Flockentanz den hellen Strahl zu suchen.

Den Strahl, der meine Seele wärmt
und die Traurigkeit verbannt
in die ich mich das ganze Jahr verrannt
so dass das Herz von neuen Ufern schwärmt.

Die weiße Sehnsucht (Die Schneefrau)

Wir haben uns im Schnee gesühlt
zusammen auch mal Engel gespielt
wir haben eine Schneeballschlacht gemacht
und wenn der Schlitten umfiel, haben wir gelacht.

Doch plötzlich war alles vorbei
dann waren wir wieder zwei.
die Kälte zog in die Wärme ein
und jeder von uns war schrecklich allein

Jetzt schau ich auf die weiße Wiese
und denke eher an kalte Füße
die Tränen gefrieren auf der Wange
und vor dem Frühling, wird es mir bange.

Denn dann schmilzt der Schnee
und die Sonne die tut dir weh
dein Herz wird vor Sehnsucht ganz klein
bald wirst du nur noch eine Pfütze sein.

Wenn der Blues in mir schreit ...

Ich steh' in der Klasse
gebe Deutschunterricht
Eine hält 'nen Vortrag,
‚ne andre unterbricht
den Rest der Klasse
interessiert das alles nicht
Ich frage mich: was soll das hier und
in mir schreit der Blues,

Wenn der Blues in mir schreit
Fang ich an zu glühen
Wenn der Blues in mir schreit
Möchte ich durch die Städte zieh'n
Wenn der Blues in mir schreit
Zaubre ich auf jedes traurige Gesicht
Ein helles Licht

Meine Liebste neben mir schläft gut
Ich steh auf, ich denke voller Wut
gleich beginnt wieder der gleiche Trott
mein Wunsch ist nur gehen
ich kann das Haus, die Schule und sie
nicht mehr sehen und
in mir schreit der Blues,

Wenn der Blues in mir schreit
Fang ich an zu glühen
Wenn der Blues in mir schreit
Möchte ich durch die Städte zieh'n
Wenn der Blues in mir schreit
Zaubre ich auf jedes traurige Gesicht
Ein helles Licht

Ich geh an den Automaten
mein Konto ist leer
das Ding gibt mir meine Karte nicht mehr
Ich hab nichts zu rauchen
die Schule fängt an
Das Auto bleibt stehen
da es ohne Stoff nicht kann
Ich komme zu spät und
in mir schreit der Blues

Wenn der Blues in mir schreit
Fang ich an zu glühen
Wenn der Blues in mir schreit
Möchte ich durch die Städte zieh`n
Wenn der Blues in mir schreit
Zaubre ich auf jedes traurige Gesicht
Ein helles Licht

Sitz ich am Klavier, wird der alte Kasten ein Palast
Sitz ich am Klavier, zerplatzt jede Last
Sitz ich am Klavier, kehrt Ruhe in mich ein
Sitz ich am Klavier, haben schwarze Wolken Sonnenschein
Sitz ich am Klavier, lacht der Tag in mich rein
Sitz ich am Klavier, seh ich meine Liebste voller Glut
Sitz ich am Klavier, trägt die Seele einen Hut
Sitz ich am Klavier, sind Probleme nur ganz klein
Sitz ich an Klavier, lad' ich die Welt zum Tanzen ein.

Wenn der Blues in mir schreit
Fang ich an zu glühen
Wenn der Blues in mir schreit
Möchte ich durch die Städte zieh`n
Wenn der Blues in mir schreit
Zaubre ich auf jedes traurige Gesicht
Ein helles Licht.

Ich rackere ...

Ich krieche, ich trete, bin lieb zu meinem Boss
doch in ,ner Kollegenrunde sitz' ich auf hohem Ross
zu Hause bin ich Macho, sowie es sich gehört
das meine Kinder Angst haben, hat mich nie gestört.
Im Bekanntenkreis hab' ich den größten Mund
denn auf diese Weise läuft alles ziemlich rund.

Doch kann mich keiner leiden
das kann ich nicht versteh´n
ich mach`s doch für meine Lieben
will das denn keiner seh´n

Ich rackere wie ein Blöder, um endlich aufzusteigen
wer da nicht mitkommt, muss auf der Strecke bleiben.
Für Liebe der Anderen kann ich mir nichts kaufen
sollen die doch weiter in ihrem Leben rückwärts laufen.
Für die Chefs, so sagen sie, bin ich ein wichtiger Mann
doch komisch ist, das mich von denen, keiner sehen kann.

Es kann mich keiner leiden
das kann doch jeder seh´n
ich mach`s doch für meine Lieben
doch die wolln´s nicht verstehen

Endlich hab ich´s geschafft, mit einem riesigen Büro
jetzt sitze ich darin und fühle mich gar nicht froh
meine Frau, die hat ne´n Andern und sieht so glücklich aus
meine Kinder sind mit fort, mir bleibt das leeere Haus
die Kollegen wollen nichts wissen, die Chef´s sehen mich nicht an
und ich begreif´ so gar nicht, das man mich nicht leiden kann.

Ich tat´s doch nicht für mich
will das den keiner sehen
ich wollt, das ihr zufrieden seit
könnt ihr das nicht verstehen.

Das Buch

Erlebnis
Phantasie
Erkenntnis
Spannung
Erlebnis
Phantasie
Erkenntnis
Spannung
guter Freund
Geliebte
Mutter
Vater
Brüder
du bist
alles
du
der Feind
du
der Maßstab
meines Ich's
du
das Monster
das
mich schickte
in
die Einsamkeit
ich konnte
nur
besser
erlebnisreicher
phantasievoller
spannender

sein
als du
um
diese Isolation
zu beenden
doch du
bist
kein Gegner
der
sich
wehrt
deine Mittel
sind nicht
zu überbieten
denn du
bist unendlich
also
wie
die Idee
unbesiegbar
ich kann dich
nie schlagen
und
der ungleiche Kampf
endet
in der Resignation
der absoluten Einsamkeit.

Vom armen B. B.

Du
kamst
aus dem Dickicht
der Städte
zeigtest
mit dem Finger
auf
den Anstreicher
und
die
die ihn brauchten.
Du
ertrugst
den
großen General
und
die Kleinen
die ängstlich
die große Hoffnung
zerstörten.
Gingst
von uns
und
überlässt uns
den Freunden
des Anstreichers
doch nicht
ohne
den Schoß
der fruchtbar
ist
zu zeigen.

Sagtest
denen
die ängstlich waren
dass
das Glotzen
auch
noch so romantisch
nichts nützt.
Gabst
dem Schrei
einen
Rhythmus
und
eine eigene Melodie.
Jetzt
ehrt man
dich
so dass
du
sterben musst
so hoch
dass
dich
keiner mehr
erreicht
denn
so
können
sie
dich
endlich
begraben

und
keiner kann
dich
verstehen
und
lieben.
Die Freunde
des Anstreichers
beauftragen
Denker
dich
zu widerlegen
aber
du
bleibst
der Abenteurer
der Seeräuber
und wenn
die Freunde
des Anstreichers
so
die Welt
weiter
behandeln
brauchen
wir
dich
als
toten Soldaten
der
uns hilft
die letzte Schlacht
zu schlagen.

Tanz auf dem Grad

Nur
die Sonne
zwischen mir
und
dem Abgrund
trotzdem
Sicherheit
fühlend
der Angst
entgegenlachend
die
nur
unsicher
macht
den Schritt
schmaler
werdend
der Weg
immer größer
die Gefahr
des Absturzes
und
trotzdem
den Tanz
wilder
werden
lassend
um
mit den Sprüngen
näher
an die Sonne
zu kommen

nicht achtend
dass
der Grad
nur noch
minimalen Halt
gibt
den Füßen
darauf vertrauend
dass
genug bleibt
um
zu wagen
den großen Sprung
zur Sonne
wissend
dass
danach
der Grad
zu einer Plattform
wird.

Entdeckungen

Ich gehe
ich gehe
ich gehe
Frühling grinsend
Knospen sprießend
Regen Blasen schlagend
ich gehe
ich gehe
ich gehe
Sonne glitzernd
Regenbogen
Luft riechend nach der Frische der Abgase
ich gehe
ich gehe
ich gehe
Gesichter verkrampft
Kinder hüpfend
Babys schreiend
ich gehe
ich gehe
ich gehe
grüner Halm zwischen Beton wachsend
störend
abgeschnitten
doch wieder wachsend
ich gehe
ich gehe
ich gehe
Regenwürmer auf Beton verreckend
Autos Frösche zermatschend
Bäume sterbend
ich gehe
ich gehe
ich gehe
sehr schnell.

Elegie der Einsamkeit

Mich
immer begleitend
verleidend
die wenige Freude
die
zwischen
den Polen
Arbeit
und
Schlaf
bleiben.
Einem Ring
gleichend
der
den Brustkorb
zu zerquetschen
droht
steht sie
als
stählernes Gitter
zwischen
den Träumen
von
Nähe
Freundschaft
Zärtlichkeit
und
deren Verwirklichung.
Sie
ist
Lust
und

Qual
zugleich.
Lust
ist
Qual
und
Qual
ist
Lust
dem Alkohol
gleichend
zerstörend
die Seele.
Macht unfähig
ohne
aber auch
mit ihr
zu leben.
Zerreißend
die Därme
den Magen
das Herz
durchzieht sie
den ganzen Körper
ohne
einen Ausgang
zu finden
und
kann ihn
erst
mit der Seele
verlassen

oder
du
ich
und vor
allen Dingen
sie
nehmen
die Seele gefangen.
Dann
bekommt
der Kreislauf
von Lust
und
Qual
eine neue Dimension.

Das Glas

Ich sitze am Wasser und der Schmerz greift nach mir
der Fluß fließt vorbei, er ruft mich hier
doch da ich schwimmen kann, ruft er vergebens
die Erde erzittert, wie im Zentrum des Bebens
ein Loch tut sich auf und reißt mich hinunter
während des Flugs werden die Wände unwirklich bunter
angekommen lande ich auf einem wackligen Stuhl
ringsherum stinkende Dämpfe, neben mir ein flammender Pfuhl
um mich herum Gestalten, wie schlechte Witze
sie schreien und Pfeifen und aus den Mündern schlagen Blitze
dann steigt aus dem Pfuhl ne riesige Gestalt
sie hustet sich die Lunge weg und piepst dann kalt

Immer ist dein Glas halb leer
lachen kannst du nicht mehr
warum geht's dir so schlecht
machen's die Anderen nicht recht?
Du musst kein Hunger ertragen
keine Krankheit will dich erschlagen
doch ist das Glas immer halb leer
ach, wir bedauern dich wirklich sehr.

Saß da ohne mich zu bewegen und musste laut lachen
das Ganze war blöd, doch was sollte ich machen
ich konnte diesen grotesken Aufmarsch nicht um Gnade anflehen
ich fragte den piepsenden Riesen, kann ich jetzt gehen?
Da baute er sich vor mir auf und piepste mich hochrot an
du wirst nirgends mehr hingehen, denn du bist dran
jetzt kannst du endlich leiden bis in alle Ewigkeit
das ist das Ende, mach dich bereit.
Das alles kam mir so komisch vor, wie ein schlechtes Buch
und ich begriff, das war mein seelischer Fluch.

Der Witz hier konnte nicht mein Ende sein
Da muss was gigantischer her, nicht so winzig klein

Immer ist mein Glas halb leer
lachen kann ich nicht mehr
warum geht's mir so schlecht
keiner macht's mir recht?
Ich muss keinen Hunger ertragen
keine Krankheit will mich erschlagen
doch ist mein Glas immer halb leer
ach, ich bedaure mich wirklich sehr.

Ich nieste, weil ein Käfer mein Nasenloch besah
und war erleichtert, denn ich war wieder da.
Ich schau auf den Fluss und musste laut lachen
der plätschert friedlich und wollte nichts mit mir machen
Die Sonne grinste mich fröhlich an
fragte warum ich nur traurig sein kann
ich sagt, mein Leben sei so schwer.
Da hielt es die Sonne nicht mehr
sie fiel vor Lachen fast in den Fluss
da es Abende wurde, war es ein Muss

Plötzlich ist mein Glas halbvoll
das Säuseln des Flusses ist toll
den Käfer aus der Nase heb ich ins Gras
und neben mir steht mein Glas
eine Hummel kämpft darin ums überleben
irgendwie find ich das alles wunderschön
es tut gut ein halbvolles Glas zu sehen.

Die einsame Rose

Zwischen
den Kräutern
umwuchert
von Disteln
steht
sie
einsam
kaum
zu sehen
und doch
in
wilder Schönheit
erblüht.
Sie
die Rose
die
ihre Stacheln
als Waffe
gegen
die Einsamkeit
ausstreckt
hofft
dass
es
Einen gibt
der
sie
sehend
den Mut
hat
sie
zu brechen

um
sie
in
den
hellen Teil
des Gartens
zu verpflanzen.
Dann
würden
ihre Stacheln
stumpf
werden
und
sie
würde
nur noch
blühen
für
den Einen.
Meine Traurigkeit
trieb
mich
in den
einsamen
verwilderten Garten.
Ich
wollte
die
Welt
vergessen
und
meine Traurigkeit

nahm
mich
gefangen.
Plötzlich
sah ich
diese Rose
versteckt
in der Enge
des Unkrauts
einsam
ohne
Luft zum atmen
aber
sich
behauptend
unter den
übermächtigen Pflanzen.
Ihre
Schönheit
strahlt
und
wie
im Bann
griff
ich
nach ihr.
Ihre Dornen
bohrten
sich
in meine Hand
trotzdem
konnte

ich
nicht
loslassen.
Ein
langer Kampf
dann
plötzlich
wurden
die Dornen
weich
und
diese Rose
schmiegte sich
in meine Hand.
Gemeinsam
befreiten
wir uns
von
den Umklammerungen
der Anderen
und
der Garten
ist
noch
verwildert
aber
fröhliche Heiterkeit
lässt
den Garten neu erblühen.

Ode an zwei Augen

In
deinen Augen
die Tiefe
versuchend
in
der Sekunde
die Ewigkeit
festhaltend
aber
zurückschreckend
vor
der Tiefe
dieser Sekunden.
Ängstlich
vermeidend
alles
was
Tiefe
Nähe
Zärtlichkeit
ausmacht
um so
verzweifelter
sich
in diesen Schrei
der
ein stummer
bleibt
zu stürzen.
Die unendliche Qual der Ewigkeit
ist
der Traum

der

uns

aufsucht

um

nie verwirklicht

zu werden.

Er

bleibt

der Traum

der

nur über

Stimmen

die eng umschlungene Körperlichkeit

sucht.

Die Wärme

dieser Nähe

ist

die raue Wärme

der Töne

und

die unendlich weite Nähe

der Stimmen

ohne

Zärtlichkeit

aber

mit großer Verlegenheit

Das Einzige

was bleibt

ist

die Ewigkeit

dieser Sekunde

in

deinen

Augen.

Simmelsammelsonnenwelt

Strahlend
lachend
sich fassend
tanzend
umschlingend
schmatzend
saugend
glänzend
abrutschend
von der Sonnenglitschigkeit
hingleitend
verschmelzend
zur Lust
sich trennend
um wieder zu verschmelzen
laufend
fangend
ins Gras fallend
wieder laufend
taumelnd
stürzend
lachend
tanzend
umschlingend
schmatzend
glänzend
lebend
genießend
wohlig ausstreckend
in der Simmelsammelsonnenwelt.

Inhalt

Register Gedichtanfänge